SPIRITUALISME

PAR

Js-Ele ESCOURROU-LAPUJADE

AVOCAT

TARBES

IMPRIMERIE ÉMILE CROHARÉ, PLACE MAUBOURGUET

—

1894

N'oubliez pas les morts.

(MACCHABÉES.)

C'était un soir d'été. L'illusion, si douce,
M'enivrait de son charme, et, sous la verte mousse,
    Le grillon chantait bas.

Je voyais, par moments, dans la sombre vallée,
Cheminer en zig-zag la lanterne empourprée
    D'un char, et ses ébats.

Les reflets de la lune, éclairant chaque étoile,
Irradiaient, aussi, derrière un léger voile,
    Jusqu'au fond de mon cœur.

D'un pas précipité, regagnant ma demeure,
Je frôlais, en rêvant, le grand saule qui pleure
    Dans le champ du Seigneur.

Champ sacré! C'est ici que repose mon père.
Je reconnais le buis de sa croix funéraire.
    Pour lui je vais prier.

Peut-être brûle-t-il d'atteindre les campagnes
Où, la douleur cessant, vers les saintes montagnes
    Il pourra s'élancer.

Je repousse avec foi ce que l'impie adore.
Le bonheur qu'il appelle et qu'il poursuit encore
    Jamais ne m'a souri.

La prière est l'encens le plus pur que notre âme
Offre à son créateur : Cette divine flamme
    S'élève jusqu'à lui.

Mon père, alors, me dit : Mon fils, ma vie entière
Fut en proie au chagrin. Quand tu perdis ta mère,
    Ce fut un Golgotha.

Moi, je n'ai pas connu les mondaines délices
Qui troublent la raison : sur tous ces vains caprices
    Mon devoir l'emporta.

Je demande, en retour, une ardente prière,
Mon fils. Hâte-toi, donc, de finir ma misère,
    Et tu seras heureux.

Fuis les pensers d'orgueil. Courbe ton front modeste
Sous le joug de Celui qui, du séjour céleste,
    Bénit l'homme pieux !

                Jques Ele E.-L.

PRINCIPES

BOSSUET, DESCARTES, MALEBRANCHE

Le célèbre évêque de Meaux, Bossuet, a écrit : « Le temps n'est Rien. » Relativement à l'homme, créature passagère, c'est même vrai ; car le temps n'est qu'un point par rapport à son immortalité. Mais c'est absolument vrai relativement à Dieu, qui est éternel. Il a dit, avant cela : « L'espace est une partie de Dieu. » C'est, sans doute, en ce sens que l'Espace est la base du temps qu'il faut pour le mesurer.

Descartes, Malebranche et d'autres philosophes ont affirmé que les vérités premières, les axiomes, sont une partie de l'Etre suprême, étant en cela de l'avis de Bossuet. En effet, Dieu ne crée pas ces vérités ; elles existent avant toutes les intelligences, créées pour les comprendre et pour s'en servir. Elles ont un caractère de nécessité et, par cela même, un caractère d'universalité et d'éternité. Or, Dieu est universel et éternel. Il convient, donc, de rechercher ce qu'il y a de nécessaire, d'universel et d'éternel dans les enseignements de la Bible et de l'Evangile, et, en somme, d'en affirmer, par là, la divine origine, sans s'arrêter, comme le conseille l'immortel Châteaubriand, aux menus détails, aux petites objections. L'expression, dans l'Ecriture sainte, n'a pas seulement été faite pour les esprits subtils, mais encore pour le commun des mortels qui la lisent ou l'écoutent. Comme elle y est assez souvent métaphorique, et quelquefois hyperbolique, il faut tâcher d'en pénétrer le fond, et, d'autres fois, se contenter de la forme extérieure.

L'immortalité de l'âme est une croyance si enracinée chez tous les peuples tant soit peu civilisés, qu'à certaines époques, on a supposé qu'au lieu de périr, l'âme s'attachait, pour un temps d'expiation, au corps déposé en terre, ou calciné, plus souvent même au corps privé de sépulture. C'est ce qu'expriment, d'ordinaire, clairement, les écrivains grecs et latins. On admettait communément que la prière et les sacrifices avaient une vertu expiatoire. Du reste, la prière est si naturelle à l'homme, que, quand elle n'aurait d'autre effet que de consoler un malheureux, ou un innocent accusé à tort, elle serait légitime et raisonnable.

Un homme abandonné de tous n'a pas d'autre refuge que le sein du Dieu juste, compatissant, et tout-puissant réparateur de l'injustice.

Il y a certainement des difficultés dans la question de la *Création*.

L'opinion qui, jusqu'à présent, nous paraît la plus acceptable, est celle des hommes si célèbres par leur intelligence et leur sainteté : Saint Clément d'Alexandrie, Saint Augustin, Saint Anselme, Bossuet, Fénélon, Malebranche, et autres, qui pensent que « la Création entière est contenue par son essence dans l'essence divine, comme le fait de la volonté en nous. Le fait de la volonté ne se sépare pas de nous et ne nous enlève pas une partie de notre substance ; il n'est pas le moi, quoique il vienne du moi, et ne subsiste que par lui. »

Si on objecte : mais que faites-vous de la matière ? d'où vient-elle ? n'est-elle pas vraiment quelque chose par elle-même ; un embarras, enfin ?

Il nous semble certain qu'on peut répondre : La matière n'est rien, comparée à la substance spirituelle. En effet, celle-ci la pénètre par son essence, et, à ce titre, n'en est nullement embarrassée. Elle ne gêne l'esprit que tant que celui-ci lui est associé, ce qu'ont reconnu Socrate, Platon, Cicéron, disant : cette vie n'est qu'une mort : *hæc vita nostra ipsa mors est.*

Dieu, en créant Adam et Eve, les avait admirablement doués. Leurs organes étaient donc très souples, leur mémoire excellente. Conséquemment, il était en leur pouvoir de prononcer très facilement des onomatopées, c'est-à-dire des noms représentant les cris des oiseaux et des autres animaux. Ils pouvaient désigner, par exemple, le chien par son aboiement, le corbeau par son cri rauque, etc., et former, assez lentement, il est vrai, mais progressivement, pourtant, leur manière de s'entendre.

Il nous semble que l'Etre créateur n'avait nul besoin de leur transmettre une langue toute faite et toute articulée.

M. de Bonald a émis l'opinion contraire. Elle paraît erronée ou, du moins, exagérée.

Ce même philosophe, d'ailleurs, très respectable, aurait pu définir plus exactement l'homme en disant, au lieu de : *L'homme est une intelligence servie par des organes*, « L'homme est un être raisonnable servi par des organes », attendu que l'oiseau, par exemple, est doué d'intelligence et a des organes, sans arriver jusqu'à un raisonnement suivi et progressif.

Dieu nous a créés pour l'aimer, le servir, et, par ce moyen, obtenir la vie éternelle.

Pour prouver que nous l'aimons, il faut obéir à ses commandements, qui se manifestent généralement de trois manières : 1° Par les signes de sa volonté exprimée dans la satisfaction de la conscience qu'il a établie, en chacun de nous, juge incorruptible ; et dans le remords, suite des infractions à ses lois ; 2° par l'ordre qui éclate à nos yeux, à l'aspect de la constitution et de la marche de l'univers ; 3º par le culte, splendeur naturelle de la reconnaissance intérieure, et qui, outre l'exécution de ses prescriptions dans les actes privés et publics, est un gage de durée de la reconnaissance, contribue à l'union des cœurs, et, conséquemment, au progrès de la civilisation.

Nous obtiendrons la vie éternelle et bienheureuse, après la mort, si nous sommes fidèles à l'accomplissement de ces commandements. Dans les cas de culpabilités graves et d'impénitence, les pleurs, les grincements de dents, la douleur qui consume éternellement. Dans les cas de fautes volontaires, inexpiées sur terre, le châtiment en sera temporaire.

Dieu étant seul éternel, il juge, punit, ou récompense.

Nous concevons l'éternité, nous ne pouvons la comprendre, c'est-à-dire en avoir une idée qui l'embrasse dans son ensemble avec exactitude, ainsi que dans ses détails.

PLATON, ARISTOTE

Le Dieu de Platon est une force intelligente.

Les Alexandrins, en général, prétendent que l'Un et l'Etre sont une seule chose ; quelques-uns d'entre eux que : l'Un précède l'Essence.

On a critiqué le Dieu d'Aristote en le considérant à tort comme sans intelligence. Il est très difficile d'admettre cette exagération de critique, ou, plutôt, impossible de l'admettre, attendu qu'il répugne à la raison que la cause première d'un monde marqué de tous les signes d'un auteur intelligent, ne le soit pas elle-même.

On dira qu'il n'en est que le Moteur. A cela on peut répondre que, dans ce cas, Dieu ne réunirait pas un ensemble des qualités que lui suppose la créature humaine la plus vulgaire.

N'oublions pas qu'Abélard a dit : qu'Aristote cherchait, en doutant, *dubitando*, comme, plus tard, a fait Descartes. Le précepteur d'Alexandre a écrit positivement ces deux phrases : *Dubitando ad inquisitionem venimus, inquirendo veritatem percipimus,* Aristote (métaph., l. 12) s'exprime ainsi : « La faculté de percevoir l'intelligible et l'essence, voilà l'intelligence. L'actualité de l'intelligence se trouve donc au plus haut degré dans l'intelligence divine, et la contemplation est la jouissance suprême et le souverain bonheur.

L'Un est une mesure commune à plusieurs êtres ; le simple en diffère, à cause qu'il n'est que la propriété d'un même être.

Le beau en soi et le désirable en soi rentrent l'un et l'autre dans l'intelligible ; et ce qui est premier est toujours excellent, soit absolument, soit relativement. »

Aristote ne voit donc pas matière à critiquer l'excellence de la cause première, même relativement. On s'est demandé si Aristote croyait à la réalité des genres considérés comme des Etres. Nous pensons que, en sa qualité de naturaliste, il était porté à nier leur réalité, et à ne voir que des individus marqués de différences.

Aristote faisant du mouvement le principe de la cause première, y trouve logiquement, par l'inertie de la matière, une preuve de *l'immatérialité de l'âme.* Ce qui étonne de sa part, comme de la part de son maître Platon, c'est leur opinion que *le monde est éternel.* Le monde qu'ils reconnaissent inerte, en tant que matière, serait égal à la Divinité ; erreur :

Car, Dieu est Un et actif par essence, parce qu'il est auteur et conservateur du mouvement.

PLATON, PLOTIN

Les philosophes, unanimement, reconnaissent l'incompréhensibilité de la nature divine. Il nous semble que cette question ne peut guère être résolue qu'en disant que l'homme qui se trouve en présence d'une haute et vaste montagne, quoique il ne puisse l'embrasser entièrement du regard, en a une notion, incontestablement. Il n'en aura jamais, ne pouvant la franchir, une connaissance complète, sans doute, mais, jusqu'à un certain point, il lui sera permis d'en parler plus ou moins pertinemment. Le dogme de la Trinité est, selon nous, nécessaire, comme base de la connaissance de Dieu qui est possible à l'homme, c'est-à-dire pour en avoir une plus large notion, attendu que ce dogme implique l'Un et le multiple.

Les éclectiques, en général, conseillent beaucoup de commencer l'étude de Dieu par celle de l'âme humaine. Selon nous, il est permis de porter tout d'abord les regards sur l'Etre suprême, et, mieux encore, d'établir une comparaison entre les données de l'un et de l'autre.

Plotin, philosophe d'Alexandrie, a cru résoudre la grande question des rapports de l'infini au fini par l'Emanation. Or, l'émanation est une confusion avec l'Infini, si on ne la considère pas comme une force de causalité de substances diverses.

La création est le seul moyen d'explication, car il est plus rationnel de croire que Dieu, loin de dédaigner son œuvre, complète ses propres perfections par la bonté. Platon s'est approché presque entièrement de cette opinion en disant : « Dieu, attendu qu'il était bon (ως αγαθος ην), a façonné l'homme. » L'idée d'un Etre parfait est la base de toute saine philosophie. Elle établit, entr'autres conséquences, la certitude de la spiritualité de l'âme, et l'existence du monde extérieur.

Cette idée est innée à l'intelligence humaine, et sert à battre en brèche le scepticisme.

ARISTOTE

La terre, et tous les autres globes que nous voyons, nous pouvons les supprimer par la pensée ; ils ne sont donc pas nécessaires. Nous pouvons également, par un effort de notre imagination, faire abstraction de tous les êtres humains : nous ne sommes donc pas, non plus, nécessaires ; car nous sentons et tous les autres hommes l'ont senti et le sentent comme nous, que nous ne sommes pas les auteurs de notre existence ; et qu'il y a eu une cause première qui ne doit l'existence qu'à elle seule. C'est le moteur immobile, c'est une force infinie. Or, la matière ne meut pas, elle est mue. Elle est inférieure à la force motrice. Elle en dépend, et notre esprit peut concevoir sans difficulté son inexistence, tandis qu'il nous est impossible de concevoir l'inexistence de la cause première. Conséquemment, la matière, tout ce qui est visible a été créé, et, de plus, des êtres invisibles. Il reste le principe intelligent, le principe moteur, cause de tout ce qui a été créé, et nous ne pouvons pas légitimement conclure qu'une *opération* ou *une* chose n'a *pu* se faire ou *n'existe point* par *cela seul que nous* ne pouvons la comprendre. Le fini ne peut comprendre l'infini. Il nous est, donc, interdit, en bonne logique, d'affirmer que la première intelligence est impuissante à créer soit la matière, soit d'autres intelligences. Dieu seul est parfait, Dieu seul est immuable, Dieu seul est indivisible, et nous sentons fort bien que la matière n'est rien de tout cela.

Dans leur langage ordinaire, les hommes se comprennent quand ils disent que Dieu a créé tel ou tel être ; et ils ne comprendraient point un individu disant : que Dieu a créé un être égal à Lui-même. Car ce serait *affirmer que la cause est égale à l'effet*, ce qui est absurde.

Au livre XIV de sa métaphysique, Aristote s'exprime ainsi : « Il est impossible qu'une nature unique ait été la cause de tous les êtres, et que cet être constitue à la fois, d'un côté l'essence, de l'autre, la qualité, de l'autre la quantité, d'un autre enfin, le lieu. » D'où il semble que ce célèbre philosophe admet, plus ou moins, une pluralité d'êtres divins ; ensuite que la *quantité* est *un être*, puisqu'il dit quelques lignes auparavant : Il y a l'être qui signifie substance, puis l'*être* selon la quantité, etc.

Aurait-il voulu, par là, contredire, en quelque façon, l'enseignement de son maître Platon? C'est ce qui nous paraît probable. Car nous regardons comme certain que ce disciple inclinait à critiquer, en somme, la doctrine de l'immortel auteur des dialogues.

PLOTIN, LOCKE

Le philosophe **Plotin**, dans le but de combattre le christianisme, rejette l'attribut de Providence du Dieu de Platon, ainsi que le *Dieu* d'Aristote *se pensant lui-même,* et avance que le principe absolu ne peut être déterminé en rien. Nous renfermant, un instant, dans son système, à cela il nous est permis de répondre : Il y a de la détermination dans le principe absolu, puisqu'il y en a dans les émanations qui en dérivent ; et il est absurde de prétendre que l'esprit humain n'a pas la faculté de connaître jusqu'à un certain point le grand principe d'où il émane, *selon vous.* Ce principe a des qualités que la créature humaine peut concevoir et qui le constituent.

Vous posez comme certain que ce principe n'a pas de substance. Mais, naturellement, on ne confond pas, dans le langage ordinaire, le fond de l'Etre avec ses attributs, et, en grammaire, on a toujours dit que le substantif est déterminé par ses qualificatifs. Prétendre cela contre la doctrine chrétienne, c'est tomber dans une confusion dangereuse et rendre Dieu auteur du mal moral comme de tout bien, assertion contre laquelle s'est toujours insurgé le bon sens, cette lumière qui éclaire, comme le dit l'Evangile, tout homme venant à l'existence.

Le Dieu de Plotin en ne produisant pas le monde, au lieu de se mettre au-dessus de lui, comme il l'affirme, l'a pour rival, égal à lui, et il ne peut s'en débarrasser. S'il ne produit pas, il n'est pas cause ; à fortiori, cause première. En voulant restreindre et rendre l'Etre suprême inconcevable, on le relègue dans une sorte de nullité. Il est, donc, incontestable que Dieu est providence, et qu'il gouverne le monde, qu'il a créé par un acte de pure bonté. On ne peut dire avec ce philosophe anti-chrétien, qui réduit l'essence divine à une pure inconcevabilité : *c'est l'effet qui se produit dans la cause*, confusion contraire à la raison.

Le philosophe anglais Locke est tombé dans une confusion à peu près semblable en considérant le monde comme infini. Or, Dieu seul étant infini, c'est-à-dire parfait, est au-dessus de l'Espace considéré à part, et de la matière, puisqu'il a créé l'un et l'autre, ainsi que tous les êtres doués d'intelligence.

PROCLUS

L'alexandrin Proclus estime que la méthode, en philosophie, est de partir du principe de l'*Un* comme cause, et de descendre, ensuite, à l'étude du *multiple*. Il affirme que l'Un, être suprême, a des dieux inférieurs qui exécutent ses ordres.

Ce même philosophe a écrit : « Avant l'espace et la durée (le temps), avant toute forme de pensée, de vie et d'existence, dans les profondeurs de sa nature ineffable, Dieu est, Dieu est Un et fait toutes choses... Eternellement créés par Dieu, éternellement conservés par lui, éternellement aspirant vers lui, ces trois relations qui unissent nécessairement tous les êtres à Dieu, doivent encore offrir certaines différences, selon la nature et le degré hiérarchique des êtres.

La vérité est une, mais elle s'exprime par la langue de la science, ou par le symbole religieux. Le symbole, sous sa forme propre, n'en contient pas moins la réalité divine. »

Ce philosophe semble ici reconnaître la création en disant : avant l'espace et la durée, etc. Si l'espace et la durée n'existent que pour l'être créé, ici Proclus paraît faire brèche à sa doctrine de l'Emanation et se contredire. En s'occupant de la multiplicité, il faut placer devant elle l'Unité, qui en est la source et la comprend.

La plupart des représentants de la philosophie moderne reconnaissent que la chute de l'homme a nécessité un sauveur, un réhabilitateur, un rédempteur, dont l'idéalité est l'idée de Fils. — La création suivie de la chute apparaît, d'abord, comme un fait distinct. — La réhabilitation-rédemption est comme l'histoire d'un être né de Dieu et retourné à Dieu : tous ont été sauvés dans un homme identique à Dieu. Aussi, la vraie philosophie n'est qu'une recherche de la religion révélée.

On peut trouver, en abrégé, sans doute, et, en quelque sorte, au fond, les traits généraux d'une métaphysique, en prenant, par exemple, un syllogisme, dont on ferait l'analyse.

PLATON, PROCLUS

La doctrine de la Trinité est aussi ancienne que le monde. L'Ecriture sainte la mentionne assez fréquemment. Mais, comme il s'agit, dans l'ancien Testament, principalement de l'Epoque de la création, qui est la première des Epoques, ce qui y apparaît le plus, c'est la puissance du Créateur. La deuxième époque est celle de la Rédemption. La troisième celle de la Consolation par le perfectionnement résultant du règne de l'Esprit saint qui non seulement *donne la vie*, mais encore *rénove*. Nous voyons la doctrine trinitaire exposée par Platon, qu'a commenté le philosophe Proclus.

« La création, dit-il, n'est pas le Créateur, mais se rattache à lui. Rayonnement de l'unité divine, la création, une à son image, n'en est pas séparée. La cause première est *Une*, sans doute : il ne faut qu'un seul chef, une seule cause. Mais sans rien perdre de son unité, elle se manifeste avec trois caractères. La bonté du Créateur est surabondante en puissances. Elle constitue les êtres, et, après, elle les conserve, c'est-à-dire qu'elle leur donne l'unité et l'essence. Par l'essence, ils travaillent à leur salut ; et, restant toujours dans la dépendance de leur cause, les effets sont naturellement conservés ; » jusqu'à l'époque qui (la civilisation par le perfectionnement moral et intellectuel accomplie), amènera l'espèce humaine à la possession, aussi considérable que possible ici-bas, de la vie *consolée* par *l'Esprit saint*.

On a objecté qu'*en créant*, Dieu *n'est pas immuable*. Mais l'immutabilité divine doit être considérée comme un mystère. Il a, et il donne la vie, quand il veut : *Deus*, dit Saint Paul, *in quo vivimus, movemur, et sumus.* Saint Paul savait très bien la doctrine contenue dans la Genèse. Cette phrase, nous le croyons, exprime, au fond, la création, que Dieu soutient par sa toute-puissance.

En matière d'idées générales, nous croyons qu'elles sont en nous plus que rien, quand nous les avons ; elles y ont leurs formes chaque fois que nous les produisons. Quant à la réalité de ce qu'elles représentent, ces réalités sont en Dieu, car il est infini, et il les a réellement, mais elles sont sans influence sur lui.

Chacun de nous est la réalisation d'une idée de Dieu. Saint Paul le dit : *Deus in quo sumus, movemur et vivimus.*

Mais, comme conséquence du fait de la création volontaire et libérale de la part de Dieu, l'âme humaine conserve en lui sa substance propre, quoique contingente.

A quelles conséquences, non-seulement singulières, mais erronées, n'aboutit pas l'abstraction, quand elle est excessive !

Nous en trouvons un exemple frappant dans Plotin, lorsqu'il dit : « L'Un ne peut être telle ou telle chose, lui qui n'est pas même quelque chose. Car, si l'on prend comme positifs et le nom et l'objet qu'il désigne, on y trouvera une obscurité plus grande que dans l'absence même de tout nom... nullement digne d'exprimer l'Ineffable nature qu'aucun mot ne saurait nous faire entendre, que l'*intuition seule* peut atteindre en quelque façon. »

L'intuition, en effet, n'a pas la puissance de l'atteindre en quelque façon, puisqu'on avance que l'*Un n'est pas même quelque chose*. Il y a ici contradiction.

Tout ce qu'il est possible d'affirmer, c'est que l'*absolu* ou Dieu est *concevable, mais incompréhensible.*

Le P. Malebranche nous semble avoir exagéré quelquefois la portée de certains dogmes catholiques, et en avoir affaibli d'autres. Il nous paraît un peu bizarre, quand il dit que : si l'animal n'était pas une pure machine, on pourrait dire de lui *qu'il a mangé du foin défendu, et qu'il est en faute*. Descartes, en soutenant que l'animal n'est qu'une machine *sans intelligence*, s'est attiré avec juste raison la critique de La Fontaine, qui avait passé sa vie à étudier les animaux.

L'animal n'est pas sans intelligence, ni sans reconnaissance : mais il ne progresse pas, son instinct est stationnaire.

A notre humble avis, l'animal possède une certaine intelligence, mais cette intelligence perd son individualité à la mort et rentre dans la substance générale dite l'animalité, différant en cela de l'intelligence humaine, qui, au lieu de s'obscurcir alors comme celle de la brute, s'éclaire et se personnifie davantage en se dégageant des liens du corps et des préjugés auxquels elle était, à des degrés divers, en quelque sorte enchaînée sur la terre. En même temps, par sa nature d'être actif, elle doit acquérir plus de souplesse ; par celle d'être volontaire, plus de force ; par celle d'être libre, plus de liberté. .

ABÉLARD

Accordant à la méthode syllogistique une valeur absolument rigoureuse, Abélard était tombé dans l'erreur. Combattu par Saint Bernard, il se soumit, et mourut dans des sentiments de pénitence, à l'ombre du cloître où il avait abrité ses vieux jours.

Traitant le dogme de la Trinité par le syllogisme, qui contient, selon la règle, un genre, une espèce et un individu, il s'était dit : Le Père engendrant le Fils, le Fils est l'Espèce, et le Père le genre ;

donc il n'est pas égal au Père, et l'Esprit-Saint, procédant de l'un et de l'autre, n'est égal ni à l'un ni à l'autre.

Des savants distingués, surtout dans les sciences physiques, et, de ce nombre, plus tard, surtout l'immortel Bacon, reconnurent que sans une observation patiente et suivie, autant que détaillée, le syllogisme induisait quelques fois en erreur, quand il s'agit des mystères de la nature matérielle ; à plus forte raison, lorsqu'il est question du mystère de la Sainte Trinité, qui est conçu dans des termes irréductibles, exprimés par le Credo catholique. Un poète recommande, à ce sujet, beaucoup de réserve :

> Pour moi, je ne crois pas possible le mystère,
> Dira quelque incrédule. — Et comment la matière
> S'unit-elle à l'esprit ? lui dirai-je à mon tour.
> Ce fait, quoique certain, est-il dans un plein jour ?

Les partisans du matérialisme disent : « On peut perdre la mémoire, par suite de coups reçus à la tête qui ont occasionné des lésions. » — Oui, mais cette mémoire perdue peut revenir, ou totalement ou partiellement.

Le corps est fait pour l'âme et l'âme pour le corps dans la vie humaine. Ce qui n'empêche nullement qu'après la séparation de l'âme et du corps, la partie pensante ne survive. Outre les preuves physiques, il y a les preuves morales de cette survivance, qui est dans l'ordre et dans la volonté de Dieu. Il est d'expérience que lorsque la guérison arrive et ramène avec elle le souvenir, toutes les autres facultés du moi reprennent, à peu près, la même force, quoique on puisse admettre que le souvenir de choses matérielles dépende un peu de l'intégrité sanitaire du cerveau, tandis que la mémoire de certaines choses ou affections non sensibles n'en dépende pas du tout. Il y a, du reste, quelquefois, un *sommeil* des facultés.

L'ennui, a dit le poëte, naquit un jour de l'uniformité. La loi de variété est, sans contredit, dans l'essence des choses, dans l'aspect de l'univers. L'existence de cette variété est la cause des degrés divers d'importance des êtres créés.

Dieu est beau par essence, et infiniment beau. Les défectuosités existent uniquement dans la création.

Abélard a dit que Platon a donné de la bonté de Dieu une meilleure idée que Moïse. Lors même que cela serait, qu'y aurait-il là de si étrange ? Dieu a voulu qu'il y eût parmi les païens des hommes, sinon parfaits, mais néanmoins, doués, par sa bonté, de qualités remarquables. Or, quelle était précisément la mission de Moïse ?

La crainte de Dieu n'est-elle pas le commencement de la sagesse, et Moïse n'était-il pas *le législateur du peuple Juif et l'Envoyé de Dieu ?*

Il est facile de reconnaître, par l'observation, que Dieu s'est préoccupé de faire éclater son intelligence par l'attention qu'il a mise à former une chaîne graduelle chez les êtres créés.

Il a créé le tigre, l'hyène, animaux malfaisants, mais il a donné à l'homme une intelligence capable de les détruire.

Spinoza reconnaît que : « Un corps qui est en mouvement, ou en repos, a dû être déterminé au repos ou au mouvement par un autre corps, lequel a été déterminé au mouvement ou au repos par un troisième, et, ainsi, à l'infini. »

Ce philosophe a, par là même, affirmé l'existence d'un premier moteur, d'accord, en cela, avec Aristote. Il n'y a pas de meilleure preuve de l'existence d'un Être suprême.

Il reconnaît, auparavant, que : « l'homme est composé d'une âme et d'un corps, et que le corps humain existe tel que nous le sentons. Il prétend avoir fait comprendre la manière dont l'âme est unie au corps ; mais qu'on n'en aura une idée adéquate et distincte qu'à condition de connaître premièrement la nature du corps. »

Nous croyons pouvoir ajouter que cette connaissance du corps se fait chaque jour. Seulement, on n'arrivera jamais à une connaissance complète. Un auteur célèbre du XVIIe siècle dit que l'œil du moindre animal surpasse en industrie tous les mécanismes faits de main d'homme.

FÉNÉLON

Fénélon pose les principes suivants : « Puisque je ne vois que des choses composées de parties, il y a des substances distinctes, et non une seule et immense substance.

L'esprit de l'homme conçoit Dieu ou l'infini ; il le reflète comme un miroir reflète le soleil, mais il ne le reflète pas dans toute sa grandeur. Il n'est, donc, pas une partie de Dieu, une petite substance divine. Un miroir qui reflète un objet, est bien différent de cet objet, et n'en fait pas partie, quoique l'homme soit fait à la ressemblance de Dieu.

L'Être créateur est infiniment supérieur à l'être créé ; sa substance est infiniment différente, par conséquent.

Abélard a eu bien tort de douter de la liberté de Dieu, en disant que Dieu n'a pu créer le monde que quand il l'a créé. Spinoza, comme Descartes et Leibnitz, proclame la liberté divine, attendu que l'Être suprême tient de lui seul sa nature. Descartes, en sa qualité de géomètre, a été, sans doute, porté à considérer, surtout, le principe immatériel, et l'étendue.

Spinoza, sous certains rapports, semble être l'inspirateur de la philosophie allemande moderne.

SAINT THOMAS, SPINOZA

La création ayant commencé par celle des êtres matériels, le ciel, la terre, etc., Dieu a dû, après cela, songer à créer la demeure de l'âme humaine pendant son séjour sur le globe, et, comme dit Saint Thomas, approprier l'esprit de l'homme à son corps.

L'intérieur de l'être humain venant à être troublé, la mort s'ensuivra naturellement, les fonctions organiques ne pouvant plus avoir lieu. L'âme, alors, par ses liens, quels qu'ils puissent être, ne trouvant plus d'instruments capables d'exécuter ses volontés, quitte l'enveloppe terrestre, et s'envole au séjour qui lui est réservé.

Une peine ou une affection morale trop forte occasionne, également, la cessation de la vie.

La création supposant l'espace et le temps, il est raisonnable de croire qu'ils sont des attributs de l'Être suprême, l'espace en ce sens que Dieu est partout par son immensité, et le temps par son éternité.

Sauf parmi les sauvages, plus ou moins crétins, le dogme de la Trinité existe, au fond, dans tous les cultes, sous des figures à détails différents.

Le philosophe qui prétend que l'espace n'est rien, qu'il est zéro, n'a pas le droit d'affirmer qu'il est divisible, car on ne peut diviser Zéro, ou Rien.

SPINOZA

Spinoza se trompe en disant que : « Dieu est non-seulement pensant, mais encore *étendu;* et, d'un autre côté, il reconnaît son entière liberté. »

Cette entière liberté existant en Lui, il faut en conclure qu'il a pu créer ou ne pas créer la matière, et l'homme. Etant tout-puissant, il n'a pas eu besoin de tirer de lui la matière. Il a eu ce pouvoir.

Une substance est matérielle ou spirituelle ? Et il n'y a que la matière qui soit étendue. Dieu est une immense intelligence, dit Bossuet, or, Bossuet ne s'écarte pas de la doctrine chrétienne. Spinoza a eu raison d'avancer que : Dieu n'est déterminé par rien d'extérieur.

Dieu étant le seul être qui a reçu sa nature de lui-même, il a une substance particulière à lui. Un autre être peut s'unir à lui par

l'amour et l'adoration, mais jamais s'identifier à sa substance.
« Parce qu'une substance, comme le reconnaît Schelling, dépend
de lui, il ne s'ensuit nullement qu'elle lui soit identique » ou puisse
le devenir, comme le prétendent follement, selon nous, quelques
rêveurs, de nos jours.

En définitive, qu'importe à l'homme que l'univers n'ait pas été
créé (Supposons-le) pour lui seul, pourvu qu'il profite des avan-
tages qui lui viennent de l'univers ? Descartes ne peut cependant
nier, sans contredire l'Ecriture Sainte et le bon sens, que la terre,
et tout ce qu'elle produit ou renferme, ne servent aux besoins de
l'homme. — Quand ce philosophe reconnaît l'existence d'êtres finis,
mais seulement à la condition d'être continuellement créés, ne
reconnaît-il pas, par cela même, la Providence divine ? L'universalité des grands esprits l'a admise à l'égard de l'être humain.

La divine Providence a été admirablement démontrée par les
Pères de l'Eglise, et Bossuet, inspiré par Saint Augustin, Salvien, et
autres écrivains sacrés. Dans notre siècle, de Bonald, Ballanche,
Damiron en ont prouvé l'action, avec des accents convaincus.
« Chacun ici-bas, ajoute ce dernier, doit être à son tour, et à
l'imitation de Dieu, une petite providence. »

Spinoza, avec une audace inconsidérée, ne croit à aucun miracle.
C'est là, évidemment, une manière de nier la Providence, en la
diminuant.

Mais est-il raisonnable de nier ce qu'on n'a pu constater person-
nellement, et de limiter ainsi la puissance de l'Être suprême ?

SPINOZA

Morale. Ce philosophe pose en principe que :

Toutes les passions dérivent de la joie, de la tristesse, ou du désir.

Il dit, ensuite : Celui qui comprend ses passions et soi-même
distinctement et clairement, aime Dieu, et l'aime d'autant plus,

qu'il comprend ses passions et soi-même d'une façon plus claire et plus distincte.

Cela est parfaitement vrai. Mais, par la proposition 18, le même philosophe affirme que personne ne peut haïr Dieu. En cela, nous croyons devoir faire une restriction, à savoir (l'expérience le prouve) : qu'il est des hommes qui haïssent Dieu, sinon toujours, du moins, en certains moments de la vie, où ils le blasphèment et lui désobéissent.

A la proposition 20, le même auteur dit : Celui qui aime Dieu ne peut faire effort pour que Dieu l'aime à son tour.

Or, la pratique et la morale de tous les peuples tant soit peu civilisés vient contredire formellement cette assertion.

Il va encore jusqu'à dire : Qu'en tant que nous concevons Dieu comme cause de la tristesse, nous éprouvons de la joie. A notre humble avis, il semble que cette affirmation ne peut avoir un caractère général, attendu que l'humanité désire ordinairement la joie et le bonheur. Il dit, avant cela : Il n'y a aucune affection du corps dont l'âme ne puisse se former un concept clair et distinct, et qu'elle ne puisse rapporter à l'idée de Dieu. Cette proposition nous paraît vraie au fond, mais exagérée dans les qualificatifs *clair* et *distinct*.

Proposition 20. Celui qui aime Dieu ne peut faire effort, pour que Dieu l'aime, à son tour.

Répétons-le : Cette affirmation est évidemment inexacte, et contraire à la pratique de la prière, si naturelle à la créature humaine.

Autre proposition : A mesure qu'une image se rapporte à un plus grand nombre de choses, elle revient plus fréquemment à l'esprit et l'occupe davantage. Or, Dieu se rapporte à un nombre infini de choses. Donc, etc.

Cette proposition nous semble très exacte.

« 1° Dieu, dit Spinoza, est une chose pensante ; 2° la puissance de Dieu est son essence prise comme active, et, partant, il nous est tout aussi impossible de concevoir Dieu n'agissant pas que Dieu n'existant pas ; 3° il est une chose étendue, car l'étendue est un attribut de Dieu. »

Òr, en Perse, dans l'Inde et, généralement, ailleurs, au contraire, on a toujours considéré Dieu comme un Esprit. — Ce philosophe affirme encore « qu'Il n'aime, ni ne hait personne, et qu'il n'a ni tristesse, ni joie. »

Il dit, d'abord, que *Dieu est une chose pensante.*

A cette proposition, on peut opposer que l'*étendue* ne *pense* pas, si on la considère comme *matière*. Le mot *chose* devrait s'entendre ici au sens du substantif *être*.

———————

Ceux qui ont accusé Spinoza de matérialisme absolu, c'est-à-dire d'avoir nié positivement l'immortalité de l'âme, se sont trompés. En effet, en affirmant que Dieu est à la fois *cause* et *matière* du monde, ce philosophe n'ignorait pas que *rien* ne *périt*, pas même la matière, et que la substance pensante étant d'une nature toute différente, c'est-à-dire Une, elle est, par là, encore beaucoup plus impérissable.

La philosophie allemande moderne a émis sur Dieu, particulièrement sur sa liberté, des idées bien moins élevées.

Quand Spinoza affirme que Dieu agit sans but, il nie, évidemment, alors, sa providence. Juif de nation, il se met, dans ce cas, en contradiction flagrante avec la Bible, qui la proclame si haut, et qui a inspiré Racine dans ces vers où, parlant de l'amour de Dieu, il dit :

> Pour l'enfant qu'elle a mis au jour
> Une mère a moins de tendresse.

Comment l'auteur de l'Ethique est-il en droit de parler de vertu, lui qui a affirmé que l'âme humaine n'est qu'un mode de celle de Dieu, une collection d'idées *sans substance propre*, sans *volonté propre* ? Avec son système poussé jusqu'à l'exagération, l'homme n'est rien. Si l'homme n'est rien, sa volonté est nulle, sans valeur, sans mérite ni démérite. Pourquoi donc avancer, comme il l'a fait, que toutes les religions sont bonnes, pourvu qu'elles conduisent l'homme à la vertu, et au bonheur ?

Descartes a eu tort de dire (comme Spinoza) que Dieu n'a pas créé le monde pour l'homme. Etant chrétien, il savait bien que si l'homme souffre sur la terre, il en sera plus tard récompensé. D'un autre côté, il est reconnu que les astres n'ont pas d'atmosphère, pour permettre aux êtres humains d'y vivre après la mort. Tout au plus, ce qui est différent, pourrait-on supposer que ce serait sous forme de corps *glorieux*, dans un monde céleste.

MÉTHODE

SOCRATE, PROCLUS, BACON

Si les sciences physiques n'ont avancé autrefois que lentement, c'est faute d'une bonne méthode. Cette méthode, Bacon a la gloire de l'avoir trouvée et propagée.

Mais il ne s'était pas renfermé strictement dans l'étude de ces sciences ; il avait, aussi, profondément médité sur la morale et la métaphysique, selon le précepte Socratique : Connais-toi toi-même. Et nous croyons que Descartes a été, en partie, inspiré par le célèbre chancelier anglais, dont les œuvres morales sont, à notre avis, des plus remarquables.

Ce que ne firent pas les Alexandrins et les Eléates, Socrate le fit ; il commença, en philosophie, par l'étude de l'âme, pour en arriver ensuite à la connaissance du divin. Il constata les opérations intimes de l'âme, pour déterminer les puissances qu'elle contient ; en vint, alors, à l'examen de son essence. Il remonta, enfin, à la conception des premières causes, en se méfiant toujours de l'opinion et des exagérations de la poésie ; et, après avoir tâché de triompher des mauvaises passions, qui ne peuvent que nous aveugler.

Proclus dit que l'on doit commencer, indispensablement, par l'enseignement qui prépare à la recherche de la vérité, et par la fréquentation préalable des sages.

Il ne pourrait y avoir, ajoute-t-il, rien de supérieur à cette manière de procéder que la révélation de la vérité par les Dieux. C'est
par nous-mêmes que nous devons, ensuite, chercher à connaître
le fond réel des choses.

CH. DE RÉMUSAT

M. Ch. de Rémusat se préoccupe trop, dans ses Essais, des
notions Espace et Etendue, et n'a pu, ainsi, qu'être inexact.

En effet, la philosophie est essentiellement basée sur la notion de
cause première, de *Liberté*, de *conscience morale*. Nous admettons,
avec Bossuet, que l'Espace est une partie de Dieu, et nous ne pouvons admettre que, Dieu disparaissant, il resterait l'Espace, comme
le prétend M. de Rémusat; attendu qu'à ce compte, c'est l'Espace
qui serait la cause première ou l'Etre nécessaire, c'est-à-dire Dieu,
qui contient l'Espace, mais qui a d'autres attributs que l'immensité.

Ce qui nous paraît avoir jeté dans l'erreur toute l'antiquité
grecque et romaine, c'est d'avoir considéré la substance de l'âme
humaine comme un composé d'atomes de matière subtile ; préten-
tion, bien entendu, de ceux qui, avant N. S. Jésus-Christ, avaient
l'air de ne pas croire à l'immortalité de l'âme. Mais qui ne voit
qu'on aurait beau entasser des parties, petites ou grandes, de
matière, sans parvenir, en les réunissant, à leur donner la faculté
éminente de *penser* et de s'élever de raisonnement en raisonnement
à la conception de l'Etre divin ?

Car, enfin, si cela se pouvait, il serait permis logiquement d'en conclure par analogie que l'esprit de Dieu a la nature d'un *rocher* ou d'un *amas de boue* : ce à quoi répugne, d'ailleurs, le bon sens le plus vulgaire !...

On a observé qu'une blessure profonde, faite à la tête d'une personne, amène la folie. Par contre, il y en a d'aussi profondes, quelquefois, qui ne l'amènent pas. Du reste, on peut, également, devenir fou, par suite de blessures morales, de pertes regrettables.

Un fou ne l'est, parfois, que quand il s'agit de parler sur tel ou tel sujet, qui l'a mal impressionné.

Les anatomistes n'ont trouvé, bien souvent, aucune lésion à la tête et au cerveau d'un fou, et en ont découvert quelquefois à la tête et au cerveau d'hommes doués du *jugement le plus sain*. Rien de tout cela ne s'oppose à la persistance du principe pensant après la mort.

Une loi positive, disent les jurisconsultes romains, peut être -détruite ou abrogée par une autre loi positive, mais une pareille loi ne peut jamais donner aucune atteinte à la Loi naturelle (*Institutes.*)

Les peines dont les puissances de la terre nous menacent pour nous astreindre à l'observation de leurs lois temporelles sont aux peines que Dieu prépare aux infracteurs des lois naturelles et éternelles comme le fini est à l'Infini, est à Dieu.

La confession est : 1° un acte salutaire d'humilité ; 2° un acte servant plus d'une fois à réparer les torts faits au prochain ; 3° un acte de pacification et de civilisation par le progrès moral des individualités composant la société humaine.

Les hommes, en général, soit par indifférence, soit par inattention, manquent trop souvent de mémoire, ce qui leur nuit beaucoup, et en religion, et en politique. Dans les souffrances qu'ils en éprouvent, ils accusent à tort la Providence, sans songer qu'ils ont oublié de prendre assez de précautions, lorsqu'il le fallait, en toute prudence. Et à propos des événements tragiques qui les menacent par leur faute, les leçons du passé ne leur servent pas de grand'chose, la plupart du temps.

SCHELLING

Dire, comme le philosophe allemand Schelling (qui, depuis, a modifié ses idées de jeunesse), que Dieu apprend à se connaître lui-même dans la conscience humaine, c'est rabaisser l'Etre suprême au-dessous de l'humanité ; c'est se moquer de ses auditeurs et de ses lecteurs. Car la vraie base de la spéculation consiste à reconnaître : 1° que l'homme ne s'est pas fait lui-même ; 2° qu'il a un esprit ; 3° qu'il a un cœur, et, conséquemment, que cet esprit doit adorer l'Etre suprême et que ce cœur, enfin, lui doit des remerciements.

Poser un autre fondement à la philosophie et à la religion, c'est fermer les yeux à la lumière qui brille comme le soleil, et devant laquelle toute créature humaine est forcée de s'incliner, si elle n'est pas atteinte de folie ou d'imbécillité. Du reste, il faut se souvenir de cette maxime vulgaire : L'orgueil rend bête.

Si, comme l'a avancé Schelling dans la première période de son enseignement, Dieu a subi la nécessité de créer, ce n'est plus Dieu qui est l'Etre suprême, c'est la nécessité, c'est la force par laquelle il a été contraint.

Mais, en thèse générale, il est vrai de dire que l'union fait la force et la toute-puissance, lorsqu'il s'agit de l'Etre infini en trois personnes. *A contrario*, la division, la désunion, l'individualisme produisent la faiblesse. En ce sens, l'individualisme constitue une dégradation par diminution. Mais l'âme humaine, ce souffle dont le Créateur a animé la matière, ne perd pas son essence, par son union à la matière. D'un autre côté, quand cette âme, en rompant ses liens terrestres, quitte le corps, elle s'unit à Dieu, si elle le mérite, comme le dit le chanoine Ruysbrœck, *par amour*, et non *par essence*. Avant que Dieu dît avec une parfaite liberté, sans aucune contrainte : *Faisons l'homme à notre image*, il avait bien en lui les idées des hommes qu'il se proposait de mettre sur la terre, mais ces idées n'étaient pas, pour cela, en quelque sorte, nulles ou effacées, ce qu'a d'abord prétendu Schelling, qui, selon nous, a eu tort d'accorder trop d'importance à ces âmes, en tant qu'elles furent unies à la matière. D'autre part, la personnalité de l'âme persiste : elle n'est pas annihilée comme individu ; elle a sa substance, sa vie propre. Avant sa séparation du corps, elle jouissait de sa liberté, et, par là, pouvait mériter ou démériter.

On convient généralement, et même universellement, que Dieu est infiniment intelligent, c'est-à-dire qu'il comprend des vérités qu'aucun autre être, et nous, ne comprendrons jamais, non seulement ici-bas, mais même dans la vie future, d'une manière égale à sa nature.

Pourquoi ne pas faire le même raisonnement par rapport à sa toute-puissance, et ne pas reconnaître qu'il peut créer, c'est-à-dire faire arriver à l'existence des substances différentes de la sienne, des substances finies ?

Nous voyons, sur la terre, des êtres d'une nature très différente, par exemple, des marbres, et des êtres doués d'intelligence, tels que les hommes. On doit admettre que Dieu a la puissance créatrice, quoique nous ne soyons point capables de comprendre le comment de la création.

Un Voltairien nous disait : « La matière peut penser. » Objection ridicule, qui revient à affirmer que la matière peut n'être pas la matière.

―――――――――

Si l'homme n'était qu'une émanation de Dieu, il serait une partie de Dieu, et quand il serait souffrant, ou *malheureux*, Dieu le serait aussi *partiellement*, et il en résulterait qu'une partie de Dieu ferait souffrir l'autre partie ; autant d'absurdités que le bon sens n'acceptera jamais. La race humaine n'a aucun souvenir d'avoir fait partie de l'Être suprême.

Si l'on adoptait la doctrine de l'émanation des substances, il n'y aurait plus ni crime, ni vertu. L'homme sent qu'il est libre de choisir entre le bien et le mal. Dieu dirige les événements sur la terre, mais de façon à ce que le libre arbitre des créatures humaines ne soit jamais atteint : c'est le secret de sa puissance. Les êtres humains, étant des êtres créés, ils sont, par là, des êtres finis, que Dieu peut anéantir. Leur anéantissement, qui ne répugne pas à la raison, quand on en parle, suppose, *à contrario*, la création, possible, par la Divinité, d'êtres étrangers à la nature divine. Oh ! sans doute, il ne nous est pas possible de comprendre clairement comment l'Éternel peut produire des substances différentes de la sienne. Car si nous nous en rendions bien compte, comme, par exemple, des vérités géométriques, nous serions presque à la hauteur de sa toute-puissance.

―――――――――

KANT, FICHTE, SCHELLING, HEGEL

Kant, Fichte, Schelling et Hegel partant de ce principe que : *c'est la pensée qui cause l'existence des êtres*, expriment une erreur. « L'homme, pensant Dieu, disent-ils, crée Dieu. »

En raisonnant ainsi, il s'ensuit que le fou, l'idiot pensant confusément un Dieu, le créent, confusément, par conséquent. D'après ce principe, je pense un monstre, je crée ce monstre *réellement*. Dans mon sommeil, je songe d'un centaure, je crée un centaure réel.

Kant et d'autres moralistes, sacrés ou profanes, ont largement réfuté les matérialistes, *absolus ou non*, qui prétendaient que, bien que l'ordre de la nature suppose une cause, cette cause n'est pas nécessairement un *entendement volontaire et libre*. C'est là une erreur que le bon sens suffit à combattre et à dissiper. En effet, l'ordre éminent qui règne dans la création suppose de l'intelligence. D'un autre côté, l'ouvrier qui a produit une œuvre plus ou moins parfaite, ne l'a pas produite sans un but quelconque ou d'utilité, ou de perfection. Dire le contraire, c'est affirmer que l'Auteur de la nature est indifférent à l'humanité, et au-dessous, par essence, de l'ouvrier le plus incapable et le plus inconséquent.

On a beau subtiliser pour essayer d'échapper à la responsabilité de la conscience : La pensée prolongée de la mort n'est soutenable que quand on a une idée passablement certaine de la persistance de l'âme au-delà du tombeau, On ne voit presque pas d'aliénés parmi les religieux et les anachorètes, et cela, malgré la rigueur des austérités qu'ils s'imposent. Aux époques de scepticisme, les suicides deviennent sensiblement plus nombreux.

Si Dieu n'existait pas, comment l'athée se rendrait-il compte de sa propre existence, des lois qui régissent son corps, sa personne, de quelque nature qu'il la suppose. Dira-t-il que tout cela n'est que l'effet du hasard ? Mais qu'est-ce que le hasard, si ce n'est une réunion de circonstances ; ce qui reviendrait à se demander qui est l'Auteur de la réunion de ces circonstances, de ces forces quelconques.

Une réunion quelconque de choses capable de produire un ordre, quel qu'il soit, suppose une plus grande force qui établisse cet ordre, ordre qui, dans son ensemble, présente à l'analyse et au raisonnement un nombre plus ou moins considérable de lois.

Et le remords que l'athée le plus endurci ne manque guère de ressentir, au moins un peu, après une mauvaise action, comment en expliquera-t-il la cause ? Et la satisfaction, à la suite d'un bon acte, n'a-t-elle pas sa cause, également ?

Un acte de vertu est, sans contredit, un acte d'effort, de courage sur soi-même, son indifférence ou ses penchants. Pour se porter à cet acte, à cet effort, il faut un principe qui le produise, l'espoir d'une récompense quelconque, la satisfaction de la conscience, aidée quelquefois par la crainte. Mais serait-ce seulement cette satisfaction, il est certain qu'une sensation de paix intérieure dérive d'une loi naturelle, ou tout au moins d'une loi civile. Or, qu'est-ce que toutes ces lois, sinon l'expression générale de l'ordre, dont l'idéal définitif réside en Dieu même, Auteur à la fois, et des faits physiques de la nature matérielle, et des faits du monde moral ? Donc, l'athée, de quelque côté qu'il se tourne, est enfermé dans des dilemmes infranchissables.

Napoléon dit, un jour, au général Bertrand, qui avait négligé de de faire faire la première communion à son fils : *Vous avez manqué son éducation !*

On voit bien que l'Empereur n'était pas athée. A Sainte-Hélène, il fut loin de repousser les pratiques de la religion catholique, dont il avait restauré le culte en France. Il se confessa à un très modeste prêtre italien.

LE CREDO, ABÉLARD

Le psaume 109 s'exprime ainsi : « Le Seigneur dit à mon Seigneur : Asseyez-vous à ma droite. La souveraineté sera avec vous au jour de votre force, dans la splendeur des saints. Je vous ai engendré de mon sein avant l'aurore. »

Prenons, après cette citation biblique, la suivante, extraite du Credo, cet abrégé de la religion, aussi ancien que l'Eglise :

« Je crois en un seul Dieu, le Père tout-puissant, créateur du ciel et de la terre, des choses visibles et invisibles, et en un seul Seigneur Jésus-Christ, fils unique de Dieu, né du Père avant tous les siècles..... vrai Dieu du vrai Dieu ; qui n'a pas été fait mais engendré, consubstantiel au Père, par qui tout a été fait..... Est ressuscité le troisième jour..... est assis à la droite du Père.

« Je crois au Saint-Esprit, *également Seigneur*, et qui *donne la vie*, qui procède du Père et du Fils, qui est adoré et glorifié conjointement avec le Père et le Fils, qui a tout fait. »

Nous voyons là que le Fils et le Saint-Esprit sont égaux au Père, et que le Saint-Esprit, également Seigneur, donne la vie et procède du Père et du Fils.

Puisque cette troisième personne est également Seigneur, cela veut dire logiquement que le Saint-Esprit est consubstantiel. Etant cela, il a le pouvoir, également, de créer, ainsi que le Fils, qui est consubstantiel.

De la création de la terre, nous connaissons plus ou moins ce qu'elle contient, mais non les choses dites invisibles, qui renferment les êtres angéliques, les puissances, les dominations, etc., êtres immortels d'un nombre très considérable, mais jamais engendrés (comme il est dit du Fils), avant l'aurore, *ante omnia sœcula* ; existant depuis des milliards de siècles, immortels comme Dieu et formant sa cour, et l'immense variété d'êtres créés, invisibles pour nous, pauvres humains. Abélard, en supposant une sorte de hiérarchie entre les trois personnes divines, se fit condamner par les Conciles ; mais, sur la fin de sa vie, il rétracta ses erreurs, conséquence de son nominalisme. En effet, s'il n'y avait partout que des individualités, il en résulterait que les trois personnes de la Trinité ne seraient pas consubstantielles.

Cet adversaire de Saint-Bernard rentra, enfin, dans l'orthodoxie, comme Fénélon, Schelling et autres penseurs, un moment égarés, mais de bonne foi. Le chanoine Roscelin, de Compiègne, avait d'abord enseigné aussi le nominalisme. Si rien n'existe que l'individuel, — et l'un, — ou la Trinité se résout en trois dieux, ou les trois personnes ne sont plus que, comme les genres et les espèces, des ressemblances mêlées de différences, des conceptions que le langage personnifie. Le conceptualisme est un nominalisme mitigé.

M. Laromiguière a bien fait voir que Condillac n'est point matérialiste, et il l'a montré même par des citations de cet auteur, qui va jusqu'à reprendre Malebranche de trop accorder à la *pure sensation*.

M. Peisse a prouvé, par le crâne d'une jeune indienne monstrueusement déformé que, malgré cela, elle avait autant d'intelligence et de moralité que toutes ses camarades : ni goûts particuliers, ni la moindre folie ne la caractérisaient.

Le système matérialiste du Dr Gall n'a donc aucun fondement.

Ne l'oublions pas, ceux qui ont accusé Spinoza de matérialisme absolu, c'est-à-dire d'avoir nié l'immortalité de l'âme humaine, se sont trompés. En effet, en affirmant que *Dieu est à la fois cause et matière du monde*, ce philosophe n'ignorait pas que *rien ne périt, pas même la matière*, et que, la substance pensante étant d'une nature toute différente, c'est-à-dire *une*, elle est par là encore beaucoup plus impérissable. La philosophie allemande est moins spiritualiste que Spinoza, et a émis sur Dieu des idées, en parti-

-culier sur sa liberté, bien moins élevées, sauf, là-dessus, des contradictions incontestables que l'on trouve dans les écrits du philosophe hollandais.

———

Il est absurde d'affirmer, comme le font quelques idéologues, que le moi humain soit le produit d'une certaine disposition des organes matériels. Ce sont, au contraire, selon la définition de M. de Bonald, les organes qui servent l'intelligence de l'homme.

Une horloge, par l'arrangement de ses pièces, a bien pour effet de produire un son. Mais, d'abord, l'horloge a eu besoin de quelqu'un pour sa construction, ses proportions, tous ses détails, c'est-à-dire d'une intelligence, qui a commencé à l'origine par l'imaginer et puis la composer de divers métaux, appropriés chacun à sa fonction. Ensuite, la machine a-t-elle une volonté propre ? — Non ! — A-t-elle un sentiment ? — Non ! — A-t-elle eu toute seule une énergie ? — Pas davantage ! Tandis que le moi veut, désire, se détermine, se meut, après avoir examiné les motifs, les avoir comparés, appréciés, en avoir prévu la fin possible ou probable : ce qui n'a aucun rapport de nature avec les organes, qui sont placés, il est vrai, à côté, pour lui obéir, mais qui, semblables à une cloche mise en mouvement, obéit à ce mouvement sans en être la cause, le commander, le diriger, le modifier en quoi que ce soit.

———

Un voltairien nous disait, un jour : « Pourquoi l'épreuve ? »
Nous lui répondîmes : « Parce que Dieu veut être adoré et aussi
parce qu'il veut récompenser. Il veut punir, s'il n'est pas adoré.
Car sans l'épreuve et la souffrance ici-bas, l'homme ne penserait pas
assez à son Créateur. Il n'est pas seulement Créateur, il est Maître.

Une autre fois (et, de nos jours encore, cela n'est que trop commun), il avait l'air de douter de l'existence des démons. Voici notre
réponse : Nul ne doute que parmi les humains, c'est-à-dire les
êtres spirituels revêtus de corps matériels, il n'y ait des esprits
nuisibles, respirant la haine. Pourquoi n'y en aurait-il pas parmi
les créatures purement spirituelles, qui sont déchues par leur
volonté dépravée, comme les créatures humaines ?

L'âme doit pouvoir, après sa séparation du corps, porter le
souvenir, *gravé* en elle, de ses fautes passées — et, en quelque
sorte, reluisant en elle pour la condamner. Une pensée presque
semblable est exprimée par Eschyle, dans sa tragédie *Les Eumi-
nides :* la peine morale qu'éprouve l'âme à la vue de ses péchés est
un de ses supplices, si, toutefois, l'expiation n'en a pas eu lieu,
pendant son séjour sur la terre, et ne les a pas effacées.

On a constaté, dans certaines maladies, que les malades se ressou-
viennent exactement d'airs de musique, difficiles même, entendus
par eux une *seule* fois : impression comparable à celle de l'encre
séchée qui reprend, plus tard, sa couleur.

DU MAL MORAL ET DU MAL PHYSIQUE

LEIBNITZ

La base sur laquelle repose ce sujet est la parole du psalmiste : « La crainte du Seigneur, c'est le commencement de la sagesse. » Parce que l'impie a dit dans son cœur : *il n'y a pas de Dieu,* le mal a fait son entrée dans le monde. Avant lui, ce sont les anges qui se sont révoltés. Et chez les uns et les autres, c'est par un effet de leur volonté dépravée. Celui qui a dit, sous l'empire de sa passion, dans son cœur : *il n'y a point de Dieu,* n'a eu en vue que sa seule passion, son orgueil. Cette perversité a été passagère ou continue chez l'homme ; mais, par l'effet de son aveuglement, il a pensé que, Dieu n'existant pas (débauche du cœur et de l'esprit !) il n'avait rien à craindre ; ce qui nous amène logiquement à établir que le Créateur ayant manifesté l'ordre, c'est-à-dire l'éclat de son intelligence, l'homme s'est insurgé contre cet ordre en le troublant, en y faisant opposition, en foulant aux pieds les lois divines. Or, ces lois sont établies pour la gloire de Dieu et pour le bien de l'espèce humaine ; et c'est ce qui a fait dire à l'apôtre des nations : *Deus caritas est,* Dieu est amour ! Il ne faut donc pas que le faible, protégé par ces lois, soit écrasé par la force brutale de l'impie. Si celui-ci ne considère que lui seul, il s'adore lui-même, et ne reconnaît pas Dieu, son souverain, et l'auteur des lois faites pour tous. Ce sentiment est l'orgueil, la superbe, racine de tous les maux, de tous les droits ravis, de tous les excès.

C'est parce que Dieu est bon, qu'il a créé l'ordre, et comme le monde peut être comparé à un *tout ordonné,* il est, par suite, aisé de voir qu'une subordination est nécessaire partout. Or, le désordre produit le mal en grand, ou le malaise en petit.

Quant au mal physique, l'univers créé n'est pas sans défauts et sans dangers pour les êtres qui l'habitent ; mais il est convenable, thèse soutenue par le savant Leibnitz dans son optimisme, si l'on considère l'ensemble des nécessités de la création. La durée de la vie humaine n'est qu'un point relativement à l'éternité ; et, en définitive, Dieu n'est pas, ne l'oublions jamais, seulement notre Créateur, mais aussi notre Souverain Maître. N'ayons pas l'audace et l'orgueil, comme les anges révoltés, de lui demander compte de ce qu'il a fait. Soumettons-nous humblement à ses volontés, ainsi que l'a écrit le grand Bossuet, ce père de l'Eglise, dont la raison ne fléchit pas, selon l'expression de M. Victor Cousin.

L'athée peut être vertueux par ostentation et honneur, par intérêt ou par crainte. Mais quand il est sûr que sa conduite ne sera point connue, s'il ne croit pas en Dieu réellement, il n'a pas de remords, et, alors, il est très tenté de mal faire.

Supposons-le instruit. Mais il y a beaucoup d'hommes aussi instruits que lui qui croient en Dieu. Il risque donc beaucoup d'être dans l'erreur. Il peut être instruit et mal raisonner. Cela se voit souvent : un homme avec de l'instruction, sans justesse d'esprit.

Si c'est l'honneur qui produit ses bonnes actions, il y a, dans l'idée générale d'*honneur*, la notion confuse de Dieu. Dans les autres motifs, ainsi que dans la crainte d'un châtiment légal, la notion générale de cause se trouve aussi contenue.

Il est aisé de voir, par cette analyse, que l'athée ayant recours à ces idées, est en contradiction avec lui-même et reconnaît implicitement l'existence d'un être suprême, d'où dérivent logiquement toutes ces idées.

D'un autre côté, s'il subit, par son imprudence ou par malveillance, quelque grave maladie ou quelque danger, il prie spontanément le Souverain Maître de l'univers de l'en délivrer et avoue, par là, son inconséquence !

J.-J. Rousseau a écrit ces deux phrases : « La majesté de l'Ecriture m'étonne ; la simplicité de l'Evangile parle à mon cœur. »

Ces deux phrases disent beaucoup, puisqu'elles embrassent un si grand nombre de siècles. Il est aisé d'en conclure que le Créateur a voulu qu'à toute époque il y eût sur la terre une tradition religieuse, nécessaire à la vie tant soit peu civilisée des peuples. Tout en laissant l'homme libre, il dirige d'une manière générale les événements. Le lien qui doit unir la phase mosaïque à la phase chrétienne se laisse apercevoir dans ces paroles, parfaitement authentiques, du Deutéronome : « Dieu vous suscitera, dit Moïse, du milieu de votre nation, et du nombre de vos frères, un prophète semblable à moi. Ecoutez-le. »

Voilà donc le Messie prédit et acclamé dans ce dernier mot.

Il est de fait que plusieurs siècles avant l'ère chrétienne, il existait une traduction grecque de la Bible tendant à séparer Dieu du monde visible et à donner au *Messie une nature éternelle et céleste.*

M. V. Cousin a eu raison de critiquer la classification des facultés exposée par Laromiguière, en lui faisant observer la différence existant entre le désir, quelquefois *fatal…* et l'attention qui se *possède* et se *gouverne.*

Selon nous, il serait exact de classifier ainsi :

1° Entendement : { Attention,
Comparaison,
Raisonnement.

$$2^o \text{ Volonté} : \begin{cases} \text{Désir,} \\ \text{Préférence.} \end{cases}$$

M. Cousin n'est pas aussi heureux quand il affirme que Laromiguière réduit l'intelligence à *l'attention*, puisque l'auteur qu'il critique commence bien par l'attention, mais qu'il finit et complète par l'emploi de la *comparaison* et du *raisonnement*.

S'il ne reconnaissait pas ces *deux derniers* procédés nécessaires, on pourrait lui reprocher de restreindre l'intelligence à *l'attention*.

Remarque. L'association des idées, si favorable à l'éveil de la mémoire, peut, quelquefois, si l'on n'y prend garde, servir à commettre des erreurs. Par exemple, un magistrat demande à un témoin s'il a vu, un soir et tel jour, un homme allumer un réverbère. Ce témoin, en passant, aura vu une échelle apppliquée à un réverbère, et aura pu croire qu'au bout de l'échelle il y avait un allumeur, tandis que réellement il n'y avait personne. L'erreur de *visu* consiste, d'autre part, à ne pas distinguer les différences, à confondre par ressemblance.

A UN AMI

Je me rappelle avec plaisir les intéressantes conversations que nous avions tous deux dans votre jardin, au pied de cette cité qui, par ses antiquités, réveille tant de souvenirs, et où avait été curé mon grand oncle maternel, inhumé plus tard à Carthagène (Espagne).

Nous nous entretenions, sous vos ombrages, du dogme redoutable de la Sainte Trinité, sujet qui, vous le savez, désespérait presque le grand évêque d'Hippone.

Le pauvre Renan, qui vient de mourir, n'était pas si difficultueux. Il a osé émettre cette assertion : « Que le plus éminent esprit de l'univers créé, c'est l'esprit humain. » Eh bien, voilà une proposition brillante d'exactitude !!

Mais cela n'étonne pas fort de la part de cet ancien minoré de Saint Sulpice, à qui un de ses maîtres (l'abbé Gottofrey) disait : « Voyez un peu les choses en grand ; ne vous arrêtez pas tant aux détails !... »

Cela n'étonne pas trop encore de la part de celui dont le P. Passaglia a montré l'érudition en défaut, à propos d'un passage de l'historien juif Josèphe, concernant le Christ ; de celui dont l'illustre Montalembert a taxé l'érudition de *frelatée*. C'est égal, quelle bourde que de dire : « L'esprit humain est le plus grand qui existe, sans exception ! »

Conséquent au reste, ici, avec lui-même, Renan n'admet pas d'extra naturel.

Cependant, s'il vivait encore, je ne craindrais pas de lui faire remarquer, à cet égard, une faute de logique considérable. La voici : c'est de mettre totalement de côté l'expérience, et je lui dirais : Monsieur l'Académicien, vous concluez, de ce que vous n'avez pas éprouvé, *vous-même*, une chose, que cette chose n'a *pas eu lieu*, qu'elle est *chimérique !* Ah ! vous nous la baillez belle ! Parce que, par exemple, vous croyez impossible l'apparition d'un défunt à une personne vivante, vous dites que *cette apparition* n'a pas *eu lieu !* Vous niez donc l'apparition du Christ après sa mort ! Ecoutez le poète :

> Disciples du Sauveur, que son amour enivre,
> Vous l'avez reconnu, vous l'avez vu revivre.
> A la fraction du pain, il dessilla vos yeux.
> Son corps *pouvait*, d'ailleurs, se montrer *glorieux*.

Certaines circonstances m'amenèrent *jadis* à converser avec un laïque érudit, âgé. Il vint à parler des philosophes en vogue à cette époque.

« Comme on les prend au sérieux ! me dit-il, croyez que ces messieurs ne savent pas beaucoup de philosophie. »

Comme j'avais l'air surpris, il ajouta : « Quant à moi, après de mûres réflexions, j'ai mis de côté mon scepticisme, et je me suis fait chrétien. »

— Pourquoi, répliquai-je alors, ne considérez-vous pas ces hommes en vogue comme profonds ?

— Parce que, répondit-il, il faut d'abord avoir longtemps vécu. La vie est un bon maître.

L'expérience n'est pas un vain mot. Oh ! comprenons bien cette pensée ; elle en vaut la peine.

Ensuite, continua-t-il, Dieu n'accorde pas à tous exactement des grâces.

— Quelles grâces ?

— Eh ! ajouta-t-il, par exemple celle de bien observer, puis de bien prier. Car la prière non-seulement donne du cœur, mais encore dispose Dieu à nous faire quelque révélation intime. Oh ! le plus souvent, c'est peu de chose, c'est, néanmoins, un pas en avant. Qui croirait que plusieurs philosophes en renom s'évertuent à résoudre des difficultés qu'ils se forgent à eux-mêmes, difficultés de pure imagination.

Essayons, disent-ils d'une manière solennelle, si l'on peut prouver *à priori* l'existence de Dieu. Et ils s'essoufflent, à perdre haleine, pour trouver cette preuve *à priori*.

Ah ! s'ils feuilletaient consciencieusement les écrivains sacrés autant que les profanes ; s'ils réfléchissaient sur les misères humaines ; s'ils visitaient et fréquentaient les pauvres, les ministres de la religion, ils ne se perdraient pas si longtemps dans des difficultés subtiles !...

Un poète l'a dit :

Dieu là-haut récompense, et même avec usure,
Le bien qu'on fait au pauvre, à toute créature.
Les sublimes pensers jaillissent d'un bon cœur,
Enseigne un moraliste, un illustre seigneur.
Un autre, encore, a dit : sachons bien le comprendre :
« Dieu se cache au savant, se révèle au cœur tendre. »

On objecte que les personnes qui prétendent avoir été favorisées de la vue d'un fait extra naturel, sont les dupes de leur imagination trop crédule. On va jusqu'à révoquer en doute l'apparition du Sauveur à Sainte Thérèse, qui fut une des intelligences les plus distinguées de son temps.

Quant à moi, je puis affirmer que deux de mes parents ou alliés m'ont protesté tenir des personnes témoins d'apparitions surnaturelles l'assurance de leur réalité.

Une mère de famille vit, vers une heure après-midi, son mari, décédé depuis bon nombre d'années, s'avancer dans une lumière élatante, et puis cette magique lumière s'éteignit, insensiblement, avec la figure qu'elle contenait.

Une autre m'assura que son mari vivant avait été frappé de voir, en plein jour également, son frère, prêtre décédé, lui apparaître, vêtu de ses plus beaux habits sacerdotaux.

Cette même personne avait un beau-frère, d'abord peu croyant qui, par la suite, changea complètement d'idées, depuis qu'une fille de sa campagne lui avait apparu, après son décès, pour le remercier de lui avoir fait dire une messe pour le repos de son âme.

Tout cela est extra naturel évidemment, ainsi que les guérisons obtenues par certaines dévotions faites à des lieux de pèlerinage.

Un grand homme et un grand poète, Lamartine, a dit :

> Oui, j'espère, Seigneur, en ta magnificence :
> Partout, à pleines mains, prodiguant l'existence,
> Tu n'auras pas borné le nombre de mes jours
> A ces jours d'ici-bas, si troublés et si courts.
> Je te vois en tous lieux, conserver et produire :
> Celui qui peut créer dédaigne de détruire.
> Témoin de ta puissance et sûr de ta bonté,
> J'attends le jour sans fin de l'immortalité !

LE NOTRE PÈRE

On se demande, quelquefois, pourquoi les mots *hodiè* et *quotidianum* sont, dans le *Pater*, exprimés à la fois.

La raison en est simple. C'est que l'homme oublie trop souvent que, outre la nourriture matérielle, la nourriture spirituelle lui est nécessaire. Il y a deux pains, le pain fourni par la terre, et le pain fourni par la doctrine et la grâce : deux bienfaits de Dieu sur lesquels il fallait insister. « Quand on sent, comme l'a si bien dit jadis Mgr de Chartres, en réponse à des élucubrations de quelques prétendus philosophes, *quand on sent qu'on ne s'est pas fait soi-même, et qu'on a un cœur,* on a des devoirs incontestables de reconnaissance et d'adoration envers l'Etre suprême, de quelque manière qu'on le conçoive, d'ailleurs. » Ce précepte est de tous les lieux, de tous les temps, par son universalité.

L'homme lui-même, se trouvant offensé, sa colère s'allume toujours un peu. Dieu n'a pas donné en vain la conscience et le sentiment de l'équité à sa créature. Donc, *non irridetur Deus,* on ne se moque pas impunément de Dieu.

Et qu'on ne dise pas, par exemple, qu'un être fini ne peut offenser un être infini. Car la loi divine de la reconnaissance et de l'équité a été mise et gravée au fond du cœur humain, de l'aveu même des païens vertueux. Jean-Jacques Rousseau a poussé le cri sublime : Conscience, conscience, *instinct divin*, immortelle et céleste voix !

Kant, Biran, Cousin, Jouffroy reconnaissent, dans un concert d'opinions qui renverse l'impie tant soit peu de bonne foi, la distinction du mal et du bien, ainsi que la liberté humaine.

Sauf quelques cas extrêmement rares, Dieu reste invisible aux humains sur cette terre. Mais il réside, dans toute sa gloire, hors du monde matériel. C'est ce que dit le chrétien en récitant le : *Notre Père, qui êtes aux Cieux.*

On commence à reconnaître qu'il est père, c'est-à-dire créateur. Après cela, on sanctifie, c'est-à-dire on bénit, en rendant grâces, le Maître de toutes les choses et de tous les êtres créés. On demande, ensuite, à être admis plus tard à règner dans les Cieux, et ce vœu peut en même temps s'entendre de la paix qu'il veuille bien nous accorder sur la terre, la paix du cœur, avec la nourriture matérielle et spirituelle que nous désirons obtenir, quand nous disons : Donnez-nous le pain de chaque jour. Nous demandons encore que sa volonté sainte s'accomplisse sur la terre, comme elle s'accomplit dans le ciel hors du monde des épreuves, nécessaires, ici-bas, pour acquérir du mérite par l'observation de ses lois. Après cela, vient la déclaration, en forme de menace, que nous serons traités, après la mort, comme nous aurons traité nos semblables. Nous le prions, enfin, de ne pas permettre à l'Esprit du mal de nous accabler par une tentation trop forte.

Il est certain que, dans l'ensemble des évènements du monde, la volonté d'en Haut s'exécute. En cela, Dieu est directeur, et maître, en définitive. La coïncidence des circonstances de détail, dont il est l'auteur pour la plus grande part, n'empêche pas la liberté de l'homme, qui est mis en face de tous ces détails sans perdre son libre arbitre, sa libre détermination. — Quand on examine la suite des évènements, soit de sa vie particulière, soit de la vie nationale, on y reconnaît, en réfléchissant, une main providentielle. Mais l'accord de cette direction suprême avec la liberté humaine reste pour nous, en cette vie, un mystère impénétrable.

SAINT JEAN, ÉVANGÉLISTE

Comme le dit Mgr l'évêque d'Hermopolis, Jésus-Christ ne se préoccupait pas, précisément et uniquement, d'enseigner la sagesse, mais de réformer les mœurs et de détruire le culte des dieux. L'évangéliste saint Jean le déclare : c'est par la lumière qui est en tout homme venant en ce monde, c'est-à-dire par la droite raison, l'équité naturelle remise vraiment et dûment à sa place. Remarquons que cet évangile a été écrit le dernier et publié au commencement du deuxième siècle de notre ère. Puisque les disciples du Christ ont donné leur vie pour soutenir sa doctrine, il fallait qu'ils fussent profondément convaincus de ses principes. C'est en se solidarisant par la charité que toutes les créatures humaines doivent concourir au règne de la paix ici-bas. Le malaise de la société, les calamités proviennent, pour la plupart, de l'absence d'équité et de charité des uns à l'égard des autres. Ceci mérite attention.

Nous voyons par là que Dieu n'en est pas l'auteur, mais l'habitude enracinée du mal, qui, s'accroissant et s'étendant par le laisser-aller général, constitue presque totalement la condition misérable de l'espèce humaine : *qui a nemo*, dit l'Ecriture sainte, *qui recogitet corde*.

Des centaines d'auteurs ont attesté l'existence de Jésus, appelé Christ, c'est-à-dire l'Oint.

Il a été aussi appelé Sauveur, et Messie ou Envoyé.

Il a été prédit. Mais les Juifs en attendaient un comme libérateur de leur nation.

Par le fait, Jésus-Christ, le Crucifié, a été libérateur.

L'Evangile rapporte qu'il a dit, dans plusieurs circonstances, qu'il délivre ou délivrera : Et la vérité vous délivrera, και η αληθη ελευθερωσει υμας.

Dans la Bible, il est surnommé l'Envoyé — et, plus tard, les Evangiles le disent Envoyé par le Père.

On objecte que le vrai Messie attendu doit être conquérant et guerrier, et que Jésus-Christ ne l'était pas. A cela, on peut parfaitement répondre que l'histoire témoigne assez souvent que les vues de Dieu, dans sa manière de les accomplir, ne sont pas toujours exactement les vues des hommes vulgaires. C'est ce que le poète exprime ainsi :

> Rendre l'ouïe aux sourds, aux aveugles la vue,
> Ressusciter les morts, s'élancer dans la nue; (etc.)
> Tels furent les exploits de ce fier conquérant
> Qu'avait rêvé le Juif charnel, et mécréant :
> Comme si la douceur ne valait pas la force,
> L'humilité l'orgueil, et la sève l'écorce.

Moïse a-t-il été envoyé? Oui, pour délivrer de la captivité égyptienne le peuple de Dieu, le conduire, le diriger, ensuite, par ses lois.

EVANGILES CANONIQUES

A un critique qui avançait que Jésus-Christ n'avait pas dit de Dieu : *Mon Père*, dans l'Evangile selon saint Marc, évangile prétendu par lui être le plus ancien des quatre; on a le droit de faire observer le contraire en lui indiquant les endroits où se rencontre cette appellation.

4

Evangile selon saint Marc, ch. 1er, v. 8 : il vous baptisera dans le Saint-Esprit ; v. 10, l'Esprit descendant, et au 11e verset : une voix vint des cieux : tu es mon Fils bien-aimé. — Chapitre 3, v. 12 : tu es le Fils de Dieu ; v. 35 : celui qui fait la volonté de Dieu, celui-là est mon frère. — Chap. 5. v. 7 : Fils du Très-Haut. — Chap. 9, v. 6 : Celui-ci est mon fils bien-aimé. — Chap. 14 : Etes-vous le Christ, le fils de Dieu ?

D'ailleurs, cette appellation se trouve exprimée dans tous les autres Evangiles, ou bien logiquement déduite.

Le même critique dit que : le Christ a vécu d'une vie extrêmement *puissante*. Il a raison : le nombre des Evangiles écrits, à lui seul, le prouve suffisamment. Les empereurs, les potentats païens se faisant, même de leur vivant, mettre au rang des Dieux, il ne faut pas s'étonner qu'ils aient repoussé avec violence et barbarie la doctrine chrétienne, qui s'opposait essentiellement à ces apothéoses.

Le même critique a donné à entendre que Jésus-Christ avait été condamné pour cause *de sédition*. Outre bien d'autres preuves que c'est surtout par l'effet de l'animosité des prêtres juifs, il y en a une historique considérable, c'est le dire de l'historien latin Tacite. Ce qui n'empêche pas que pour le faire mettre à mort, ses ennemis l'aient accusé de vouloir se faire proclamer *Roi des Juifs*.

Il est dit, dans le Nouveau Testament, que Jésus-Christ, ressuscité, est apparu à plusieurs de ses disciples sous des figures différentes. Cela permet de penser que son corps avait, conséquemment, la propriété, la vertu miraculeuse de n'être pas comme celui du commun des hommes. Qu'après la résurrection, les corps des ressuscités ne soient pas exactement de la même nature que pendant la vie terrestre, bien des passages de l'ancien et du nouveau Testament le donnent à entendre. Dès lors, on pourrait les qualifier de *Corps glorieux*.

Jésus-Christ dit aux apôtres : Allez dans tout le monde prêcher l'Evangile à toute créature, v. 15 ; chap. 15, saint Marc écrit encore, au v. 20 : Or, eux étant partis, prêchèrent *partout*.

Ces passages et bien d'autres, dans les évangiles canoniques, prouvent que le Christ leur avait enjoint de répandre la parole évangélique, non pas seulement en Judée, mais dans le monde entier.

L'évangile selon saint Marc et l'évangile selon saint Luc ayant été d'abord écrits, l'un huit ans, l'autre dix ans après l'Ascension, en *langue grecque*, il n'est pas exact de dire que la prédication chrétienne ne devait avoir lieu que dans les limites de la Terre Sainte, la langue grecque *étant connue* dans presque tout le monde exploré à cette époque.

L'évangile selon saint Mathieu passe pour avoir été écrit vers le même temps, quelques années plus tôt, disent certains chrono-logistes.

Notre-Seigneur Jésus-Christ a prêché dans les limites de la Terre Sainte, mais sa sublime doctrine embrasse, par ses généra-lités et sa hauteur, le monde entier. J.-J. Rousseau lui-même l'a éloquemment reconnu.

Que l'on considère, en effet, la manière dont l'apôtre saint Paul l'annonce aux Gentils : « Observez, écrit-il, la charité envers vos frères. Ne négligez point l'hospitalité ; car c'est en l'exerçant, que quelques-uns reçoivent chez eux des anges, sans les connaître. Jésus-Christ était hier, il est aujourd'hui, et il sera dans tous les siècles. » Qu'y a-t-il de plus universel ? Saint Paul n'est que l'écho du divin maître, dont la parole avait été si élevée qu'elle devait retentir dans le monde entier par la bouche de ses disciples.

Saint-Marc, chap. 14, v. 9 : Partout où, dans l'univers, cet évan-gile sera prêché. Chap. 14, v. 6 : Etes-vous le Christ, le Fils béni de Dieu ?

Saint Marc, chap. 25, v. 14 : Allez dans tout le monde ; prêchez l'Evangile à toute créature.

Le chapitre 16 de l'Evangile selon saint Mathieu est remarquable. Il y repousse les doctrines des pharisiens et des sadducéens, ainsi que leur demande de leur montrer un signe dans le Ciel. Puis, il fortifie la foi de saint Pierre, l'institue, non pas vaguement, mais formellement, chef de l'Eglise, v. 18. L'assemblée des fidèles y est désormais organisée. Cette constitution se complète par le verset 5 du chapitre suivant, où il est déclaré par une voix du ciel : Celui-ci est mon Fils bien-aimé, en qui j'ai mis toutes mes complaisances ; écoutez-le. Au chapitre 18, qui vient après, le Divin Maître consacre pour chacun le droit à ce qui lui appartient, tout en recomman-

dant expressément la charité envers le prochain. Ces deux pré-
ceptes ne vont pas l'un sans l'autre.

Quand Notre-Seigneur dit en parlant de Saint Jean-le-Baptiste,
à cause de sa prédication : C'est Elie, il n'entend pas dire, comme
certains l'ont prétendu, que c'est l'âme du prophète qui, par
métempsychose, est revenue au monde sous la figure charnelle de
Jean. Il veut dire, par cette manière vive de s'exprimer, qu'il a le
même zèle ardent que ce saint prophète.

Examinons, un moment, le passage de la Genèse où il est parlé
de la création de l'homme en ces termes : « Dieu prit de la boue
et l'anima en soufflant dessus. » Qu'y a-t-il là qui puisse avoir
prêté à dire autrefois à un philosophe de Toulouse que, *pour faire
croire cela,* il faut s'adresser à de vieilles femmes ou à de petits
enfants ? Il est vrai que ce philosophe, qui voulait alors se popu-
lariser, a changé de sentiment, dans les dernières années de sa
vie. Mais, auparavant, on aurait pu parfaitement lui répondre :
Est-ce que le corps de la créature humaine est fait d'autre chose
que de matière terrestre ? et puis, est-ce que l'âme n'est pas spirituelle *(spiritus)* ? L'esprit est, ici, comparé à quelque chose qui
n'est pas matériel, à un souffle, une force.

Saint Mathieu (dont l'Evangile est le plus ancien, prétendent
quelques chronologistes, tandis que d'autres disent que le plus
ancien est celui de saint Marc), a d'abord écrit en langue syriaque.
L'original s'est perdu après avoir été traduit en grec. Après avoir
prêché, dit un biographe, dans la Judée, il alla dans l'Ethiopie et
dans la Perse, où l'on croit qu'il fut martyrisé.

Ce qui paraît surprenant, aux yeux de tout homme sans préven-
tion, c'est l'entrain de ces premiers apôtres. Il y a là, comme
s'expriment les Italiens, *una fuerza divina,* qui les pousse à se
partager les pays qui entourent la Judée, afin de les appeler au
christianisme, c'est-à-dire à la religion qui est essentiellement la
religion de la conscience.

Saint Jean, le disciple chéri du Sauveur, dit l'*Evangéliste,* se
chargea de prêcher la foi dans l'Asie-Mineure et chez les Parthes,

et fut ensuite évêque d'Ephèse. Il n'abandonna jamais le divin Maître, et c'est à propos de lui qu'il fut dit du haut de la croix : Femme, voilà votre fils. — Après, Jésus dit au disciple : Voilà votre mère. — Et, depuis cette heure-là, le disciple la reçut chez lui.

Ces paroles sont très importantes. Celles du v. 25 de l'Evangile de saint Jean le sont aussi. Elles témoignent du travail et du zèle immense, surhumain, de l'apostolat de Notre-Seigneur Jésus-Christ.

Dès mon adolescence, un prêtre fort érudit et très pieux me conseilla de bien réfléchir à ces faits généraux :

« Dieu, le maître souverain de toutes choses, dirige vers leurs « fins les évènements essentiels de ce monde terrestre.

« Les humains ont reçu les notions fondamentales, sinon déve-« loppées immédiatement, des vérités nécessaires.

« Peu de personnes, très peu, étant douées de facultés philoso-« phiques, il est du devoir de la grande majorité des créatures « humaines de considérer quelle est, dans ses traits reconnais-« sables, la meilleure des religions existantes, et de se prononcer « pour celle-là. »

L'Ecriture Sainte (ancien et nouveau testament), renferme les principes généraux et les faits généraux religieux. Les ministres de la Religion constatent et publient ces principes. Voilà la doctrine.

Mais, à côté de la doctrine, ces ministres sont chargés, selon les époques et les tempéraments, d'approprier ces doctrines aux individus, aux sociétés diverses. Conséquemment, en s'acquittant de cette direction morale, agissant sur des sociétés plus ou moins civilisées, ils développent, avec plus ou moins d'exigences, l'enseignement doctrinal. A proprement parler, ils sont, ainsi, les guides et les pasteurs des peuples.

IMMORTALITÉ DE L'AME

Minuit avait sonné. Minuit, au sein de l'ombre,
Avait porté la paix dans la demeure sombre
Des mortels, assoupis par un sommeil de fer.
Mon esprit méditait sur le ciel, sur l'enfer,
Et je ne dormais point. Mon oreille, attentive,
Recueillait les doux sons qui partaient de la rive
D'un ruisseau murmurant les paroles d'amour
Que la brise soupire et reprend tour à tour,
Balancement étrange, au milieu du silence,
Quand trois coups sont frappés, et frappés en *cadence*,
Dans l'angle du parquet où mon lit est placé.
Je frissonne, je sue et je me sens glacé.
Bon avertissement ! C'était l'anniversaire
Du dix-neuf août, jour où mon digne père
Avait fermé ses yeux pour ne les plus ouvrir !
Mais son âme est au ciel !... Là, tout doit refleurir.
Et toi, positiviste, oses-tu bien prétendre
Que l'homme tout entier meurt et n'est plus que cendre ?
Ce fier raisonnement dis-moi donc, qui le fait,
Si ce n'est ton esprit dans ton corps, qui se tait ?
Pour te tirer d'erreur, refuses-tu de croire
Le génie immortel que nous montre l'histoire,
Platon, ce verbe d'or, au pied du Parthénon,
Le sage Pythagore, et l'austère Zénon,

Les disciples du Christ qui bravaient le martyre ;
Tous ces cœurs dévoués que chanta, sur sa lyre,
Le Dante, couronné des lauriers de Phébus ;
Le sublime Corneille, exaltant les vertus
Des héros que créa, pour protéger la terre,
Le maître souverain de la nature entière ;
Racine, Bossuet, Leibnitz, Pascal, Newton,
Rousseau même, et, plus tard, le grand Napoléon ?
Ces illustres penseurs, peux-tu les contredire
Par les affirmations de ton triste délire ?
Ensemble répondez, moitié du genre humain,
Vous, mères ! Les héros vous donnent tous la main !

Js Ele E.-L.

www.ingramcontent.com/pod-product-compliance
Lightning Source LLC
LaVergne TN
LVHW022159080426

835511LV00008B/1462